AF366352

ESENCIA CÓSMICA

LIBRA

Leo Kabal

Editorial ⊙ Creación

Temática: Astrología, Horóscopo, Angelología
Colección: Esencia Cósmica

© Leo Kabal
© Editorial Creación
   Jaime Marquet, 9
   28200 - San Lorenzo de El Escorial
   (Madrid)
   Tel.: 91 890 47 33
   http://www.editorialcreacion.com
   http://editorialcreacion.blogspot.com/

Diseño de portada: Mejiel

Primera edición :mayo de 2013
ISBN: 978-84-15676-32-4
Depósito Legal: M-14523-2013

CONTENIDO

INTRODUCCIÓN

Saber hoy a ciencia cierta cuándo empezó la Humanidad a interesarse por los astros y cuáles fueron las bases de lo que se conoce como Astrología, es una tarea difícil, por no decir imposible.

No obstante, cuando miramos hacia atrás en el tiempo intentando buscar un origen, encontramos que la mayoría de los pueblos de la antigüedad tenían muy en cuenta las posiciones planetarias a la hora de tomar decisiones importantes. Todo el mundo creía en ella y los reyes tenían a sus propios astrólogos, a los que consultaban para tomar las decisiones relevantes.

Aunque la ciencia astrológica se remonta más atrás en el tiempo, los doce signos astrológicos, tal como los conocemos hoy, aparecieron en Babilonia, en el siglo V a. C. Este sistema consiste en la división del cielo en doce partes iguales de 30 grados cada uno.

Pero signos y constelaciones no son lo mismo, aunque muchos hayan querido confundir los términos para desacreditar a los astrólogos y la Astrología. Expliquemos la diferencia.

La Eclíptica es el círculo imaginario que atraviesa el Sol en su recorrido anual aparente alrededor de la Tierra, aunque en realidad se trata de una proyección en los cielos de la linea imaginaria que dibuja la Tierra en su movimiento de traslación (recorrido anual alrededor del Sol).

A un lado y otro de la Eclíptica hay una franja celeste denominada Zodiaco, dentro de la cual permanecen el Sol, la Luna y los planetas. En esta franja hay doce constelaciones cuyos nombres son los mismos que el de los doce signos. Pero a diferencia de los signos, las constelaciones tienen una longitud desigual, es decir, no miden 30 grados cada una, sino que unas miden más y otras, menos.

Hay algunos astrólogos que afirman que primero fueron los signos y después vinieron las constelaciones. Es decir, los signos fueron dados a la humanidad primitiva por inspiración. Después, el hombre buscó algo semejante en los cielos y encontró las constelaciones.

Sea como fuere, lo importante es que los signos astrológicos y las constelaciones de estrellas no son lo mismo. Los signos son sectores del Zodiaco de 30 grados cada uno y las constelaciones tienen una longitud diferente. Además, debido a la precesión de los equinoccios, tampoco coinciden en el comienzo de la primavera, cuando el Sol cruza el ecuador celeste, sino que, en ese punto, el Sol cruza el grado cero de Aries en lo referente a los signos, mientras que en lo referente a las constelaciones, varía. Ese es el motivo de que cuando el Sol se encuentra en el signo de Aries, actualmente lo hace en la constelación de Piscis. Es también la base para afirmar que la Humanidad está actualmente en la Era de Piscis y camina hacia la Era de Acuario.

Pero en lo referente a los signos, esto no debe preocuparnos, ya que siguen siendo los mismos, y las fechas en las que rigen cada uno de ellos permanecen invariables.

Según algunos astrólogos modernos, la Astrología no es solo un sistema de predicción, sino que comprende la esencia cósmica de la cual todos nos nutrimos tanto material como espiritualmente. De hecho, los nombres de los doce signos corresponden a doce entidades espirituales que se ocupan de hacernos llegar la energía con la que construimos y desarrollamos nuestra existencia.

En el principio de los tiempos, al iniciar la creación de nuestro Sistema Solar, Dios trazó un espacio, de donde tomó la esencia para que su obra creciera y se multiplicara. Este espacio es conocido con el nombre de Zodiaco. De este Zodiaco procede la esencia que ha dado forma a todo lo que existe hoy en nuestro Sistema Solar, incluidos nosotros.

De lo que antecede podemos deducir que el Zodiaco es mucho más importante de lo podría parecer a primera vista, pues sin él no existiría nada en nuestro universo solar.

Vemos así que el Zodiaco marca la evolución de la Humanidad a través de los signos conocidos como Aries, Tauro, Géminis, Cáncer, Leo, Virgo, Libra, Escorpio, Sagitario, Capricornio, Acuario y Piscis. Cada individuo debe renacer constantemente en los distintos signos para evolucionar mediante las vivencias que cada uno le aporta.

Así, en el sentido cósmico, cuando nacemos en Aries, traemos al mundo un nuevo designio divino, un proyecto original, que iremos desarrollando a través de las distintas etapas, es decir, en las distintas encarnaciones por las que hemos de pasar. La rueda astrológica se convierte así en la rueda de los renacimientos a través de los cuales evolucionamos desde la inconsciencia hacia la omnisciencia. La meta es convertirnos algún día en dioses creadores. El orden evolutivo sigue un orden distinto del de la rueda astrológica, que como sabemos es Aries, Tauro, Leo, etc., hasta Piscis.

En el orden cósmico primero es el Fuego: Aries, Leo y Sagitario. Segundo, el Agua: Cáncer, Escorpio y Piscis. Tercero, el Aire: Libra, Acuario y Géminis. Y por último, la Tierra: Capricornio, Tauro y Virgo.

Este sería el orden lógico en la evolución. O sea, primero encarnaríamos en los signos de Fuego, luego en los de Agua, etc. Y, al llegar al último signo de Tierra: Virgo habríamos culminado nuestra evolución y adquirido todas las experiencias necesarias para llegar a ser dioses creadores. Pero este orden fue roto porque los hombres no fuimos capaces de asimilar las energías divinas tal como se nos iban proporcionando. De esta forma, unas veces fuimos hacia adelante y otras hacia atrás, unas veces avanzando y otras quedándonos rezagados.

Por este motivo, tenemos que culminar varios ciclos desde Aries a Virgo antes de alcanzar la perfección, pero ahora ya no seguimos el orden primordial: Fuego, Agua, Aire y Tierra, sino que, debido al estancamiento en algunas etapas, tenemos que volver a ellas de nuevo. Por eso, en una encarnación podemos nacer en Aries, mientras que en la siguiente lo hacemos en Tauro o Libra, dependiendo de los trabajos pendientes de realizar que hayamos dejado en el camino.

El signo del horóscopo bajo el cual hemos nacido marca únicamente el lugar del sol en nuestra carta natal. Para un estudio más profundo, cada lector debe recurrir a la interpretación de su carta astral completa, porque ella le descubrirá muchos más aspectos de su personalidad y su trabajo en la vida presente que el estudio simple del signo bajo el cual ha nacido. Aunque sin duda el sol en un horóscopo marca el lugar donde se instala nuestro Yo en la presente encarnación para poder llevar a cabo su programa de vida marcado por las demás tendencias de nuestra carta de nacimiento. Por ese motivo, cualquier estudio sobre él es de la máxima importancia. Más adelante, si el lector lo desea, podrá estudiar su carta con profundidad y desarrollar su potencial en todos los aspectos. Mientras tanto, le ofrecemos este pequeño estudio para que pueda conocerse un poco más y aprenda a conducirse de acuerdo con la energía de los astros para hacer su vida un poco más llevadera.

Capricornio
Acuario
Piscis
Aries
Tauro
Géminis
Cáncer
Leo
Virgo
Libra
Escorpio
Sagitario

♎

LIBRA

24 de septiembre al 23 de octubre

*Puerta abierta a la
lógica y la razón*

Elemento: Aire

Símbolo: ♎

Color: Verde, rosa

Planeta regente: Venus

Gemas: Cuarzo y ópalo

Metal: Bronce

Día de la semana: Viernes

Números de la suerte: 6 y 7

Imagen medieval de Libra.
(Libro de Horas del siglo XIV).

Imagen medieval de Venus, planeta regente de Libra. *De Sphaera.*

SÍMBOLOS DE LIBRA Y VENUS

$$\underline{\Omega}\ \ ♀$$

Libra está representado por la balanza con su astil y dos platillos: $\underline{\Omega}$. Simboliza la medida, el equilibrio entre dos polos, la armonía. Indica la equidad universal y el espíritu de justicia.

En Venus tenemos lo contrario que en el símbolo de Marte: el círculo sobre la cruz: ♀; o sea, el espíritu (el círculo) sobre la materia (la cruz). Lo que nos indica la superioridad de lo espiritual sobre lo material. Por eso Venus es el planeta del amor, de la paz, de la armonía, de la belleza, del arte.

ALEGORÍA DE LIBRA

... Y era de mañana cuando Dios se puso ante sus doce hijos e implantó en cada uno la semilla de la vida humana, Cada hijo, uno a uno, dio un paso adelante para recibir el don que se le había destinado.

—A ti, LIBRA, te doy la misión del servicio, para que el hombre se acuerde de sus deberes hacia los demás. Para que aprenda a cooperar y reflejar en otra parte sus acciones. Te situaré allá donde exista discordia, y para tus esfuerzos te daré el don de EL AMOR.

Y Libra volvió a su lugar.

Entonces Dios dijo:

—Cada uno de vosotros tiene una parte de Mi Idea. No confundáis esta parte con la totalidad de Mi Idea, ni intentéis cambiaros las partes entre vosotros. Porque cada uno de vosotros es perfecto, pero eso no lo sabréis hasta que los doce seáis uno. En este momento, Mi Idea, en su totalidad, será revelada a cada uno de vosotros.

Y los hijos se fueron, decidiendo cada cual hacer su trabajo lo mejor posible, para poder recibir su don. Pero ninguno comprendió totalmente su tarea ni su don, y cuando volvieron confusos, Dios les dijo:

—Cada cual cree que los otros dones son mejores. Así, pues, os permitiré intercambiarlos.

Y, de momento, cada hijo se entusiasmó considerando todas las posibilidades de su nueva misión. Pero Dios se sonrió diciendo:

—Volveréis a mí muchas veces, pidiendo que os releve de vuestra misión, y cada vez os concederé vuestro deseo. Pasaréis por incontables encarnaciones antes de que cumpláis la misión original que os he prescrito. Os concedo un tiempo ilimi-

tado para llevarlo a cabo, y sólo cuando lo
hayáis conseguido podréis estar conmigo.

PERSONALIDAD

Es el primer signo de Aire, por lo que corresponde a la plantación del contenido mental. Los libra son buscadores del equilibrio, la unión y la paz; son justos y suelen proceder con equidad. Deben superar las dudas, las indecisiones y el desequilibrio que a veces les asalta. Debido a su relación con el planeta Venus (llamado como la antigua diosa romana de la belleza y el amor), los libra tienden a ser románticos y anhelan relacionarse.

Como Libra se sitúa en la casa 7 del horóscopo, que simboliza el matrimonio y las uniones de todo tipo, tiene una fuerte tendencia a la estabilidad conyugal y al matrimonio, así como a las uniones empresariales y de todo tipo. Están dispuestos a hacer cualquier cosa para mantener el bienestar de los que componen el núcleo familiar.

Se adaptan bastante bien a las circunstancias y al cambio en general.

Tiene un alto grado de dulzura, bondad y altruismo, y la equidad y la justicia prevalecen por encima de cualquier otra consideración. Por eso muchas veces se le puede ver participando en reuniones y en acontecimientos de carácter social, donde haya que tomar decisiones importantes sobre temas difíciles de resolver o apaciguar ánimos encrespados.

Por encima de todo buscan la armonía y la paz. No soporta la violencia, lo que les lleva a calmar los conflictos que puedan darse entre las personas de su entorno, pues en ello son verdaderos especialistas. El mayor ejemplo de lo que pueden llegar a hacer en este sentido lo tenemos en Mahatma Gandhi, político y líder religioso hindú, que consiguió la independencia de la India con su conocido movimiento de resistencia pasiva, que consistía en no utilizar la violencia contra el ejército británico pero sí protestar por lo que consideraba injusto.

Suele mostrarse ante los demás con elegancia y modales más bien cultos y equilibrados. Su expresión suele ser bondadosa. Su regente, Venus, le empuja a buscar la belleza y el arte en todo lo que emprende. Así puede inclinarse hacia actividades como la pintura, la música, la poesía, etc.

Su búsqueda de la armonía y de la equidad, puede llevarle muchas veces a impartir justicia. En este sentido, negará toda aquella crítica gratuita hacia los demás y todo chismorreo que tenga por costumbre hablar mal de los demás. La mayoría de las veces, al entrar en una conversación con alguien cuyo único objetivo sea criticar los defectos, cambiará de conversación o sencillamente no escuchará. Tal vez, en alguna ocasión incluso llegue a defender al criticado si nota que lo que se dice de él es injusto.

El nativo de Libra, al igual que Acuario y Géminis, trabaja con el elemento Aire, que tiene que ver con la lógica y la razón. Es el primer signo de Aire, por lo que quizá todavía no se sienta muy seguro trabajando en él. Pero intuye y sabe que tiene que poner orden allí donde la exaltación sentimental o pasional de los signos de Agua pueden llegar a crear conflictos innecesarios. Es por eso por lo que muchas veces se reclama su presencia para trabajos de responsabilidad en la administración de empresas, pues a no ser que aspectos negativos confluyan en su horóscopo, serán conocidos por su honestidad y honradez.

Su principal trabajo en esta vida consiste en aportar a la sociedad que le rodea un poco de belleza, paz, amor y equilibrio.

CUALIDADES A DESARROLLAR

Pacifismo.
Armonía.
Equilibrio.
Sociabilidad.
Prudencia.
Diplomacia.
Cooperación.
Persuasión.
Cualidades artísticas.
Justicia.

DEFECTOS A SUPERAR

Inconstancia.
Desarmonía.
Duda.
Indecisión.
Apatía.
Intriga.
Paz a cualquier precio.
Quejas.
Imprudencia.
Injusticia.

AMOR Y COMPATIBILIDAD

En el amor el nativo de Libra suele destacar por su encanto natural, sus buenos modales, su armonía y belleza, su gran sociabilidad, su alegría y su deseo de agradar a la pareja.

Ya hemos dicho que no soporta los conflictos, y en la unión de pareja no será menos, aquí huirá de todo aquello que pueda perjudicarle y atacar su sentido estético y de armonía. Se acercará más bien a aquellos que se muestren pacíficos y tengan un sentido del amor y la justicia semejante al suyo.

Tiene un tremendo poder de seducción y sus gustos son elegantes y refinados, nada vulgares, lo que manifiesta en su modo de vestir y en su cuidado aspecto físico.

También aprecia mucho el buen gusto de los demás, sobre todo de quien elige para compartir su vida sentimental. No importa en este caso si se es hombre o mujer. La mujer apreciará y estará al corriente de la moda masculina y viceversa: el marido podrá apreciar y estar al día de la moda femenina y conversar a este respecto sin ningún problema.

No soporta muy bien lo feo ni lo deforme, le gusta rodearse más bien de gente guapa y vital. Huye de los ambientes desagradables y ruidosos, donde lo feo y lo cutre se vislumbra por doquier. Prefiere más bien los sitios tranquilos y llenos de armonía y belleza, pues aquí se sentirá como en casa y disfrutará contemplando el ambiente.

En lo referente al amor de pareja y en las relaciones sentimentales, no se muestra pasional ni de maneras bruscas, sino más bien tranquilo, armonioso, fiel, delicado, disfrutando plenamente de cada momento. El matrimonio y la pareja son una de las cosas más importantes en su vida.

Esta exigencia de búsqueda de la pareja idealmente bella exigida por su planeta regente Venus, puede hacer difícil, en algunos Libra demasiado exigentes, encontrar pareja, ya que se pasan la vida rechazando a todo «perro gato» que se interesa por él o por ella.

Por todo lo dicho, la relación con un nativo de Libra puede ser muy placentera, pertenezca a uno u otro sexo, pues la atmósfera de alegría, belleza y armonía que le rodea hará que se viva una vida feliz y placentera.

LIBRA - ARIES

Aries es el primer signo de Fuego y Libra el primero de Aire. Son, por tanto, dos signos compatibles y que se complementan de manera perfecta.

Aries es el seductor nato; y Libra se siente halagado por las constantes solicitudes de Aries. Los dos son signos a los que le gusta empezar proyectos nuevos. Aries pone la primera semilla, la del entusiasmo, la fe, el trabajo duro, la confianza en el resultado final; y Libra le da el primer toque de belleza intelectual, el raciocinio, el equilibrio que necesita la obra.

En el amor, la atracción es mutua ya que, al ser polos opuestos en el Zodiaco, el uno le aporta al otro lo que le falta. Si por cualquier circunstancia llegan a discutir, la armonía casi siempre vendrá por el lado de Libra, ya que es un signo de paz y preferirá dar la razón a su pareja a entrar en conflicto con ella. Pero debe tener cuidado en cómo lo hace, ya que Aries puede darse cuenta y entonces se irritará más al creer que su pareja siempre le da la razón como a los locos.

LIBRA - TAURO

Comparten el mismo regente, el planeta Venus, lo que les da una sensibilidad especial a la hora de observar el mundo. En efecto, los dos pueden ser buenos aliados y entenderse bastante bien, a pesar de ser elementos incompatibles (Aire y Tierra).

Ambos poseen un sentido de la belleza, el arte y la armonía, así como una sensualidad especial, factores que hacen que la relación pueda ser compatible y placentera.

Sin embargo, la incompatibilidad Tierra-Aire de la que hemos hablado anteriormente y el hecho de que un signo (Tauro) es fijo y el otro (Libra) cardinal puede hacerse sentir en la relación.

En efecto, Tauro es un signo fiel, cuyos sentimientos son más estables y menos cambiantes que los de Libra, lo que puede provocar más de un ataque de celos cuando Libra, que es un signo más sociable, se acerque a otras personas del sexo opuesto, cosa que hará a menudo, ya que tiende a ser más ligero y superficial en este sentido, y no le da tanta importancia al hecho de flirtear un poco.

Puede haber una relación estable y duradera si se respetan y se aman, pues así llegarán a comprender: Tauro, que no es tan importante el flirteo si la cosa no va más allá y deja un poco los celos; y Libra, que debe respetar a su pareja y coquetear menos o no coquetear con otras personas si sabe que molesta a Tauro.

LIBRA - GÉMINIS

Es una relación compatible, ya que son de la misma naturaleza elemental: Aire-Aire. Por tanto, tiene probabilidades de ser agradable, pues ambos se entienden perfectamente, ya que basarán su unión en la razón antes que en la pasión.

La belleza natural que corresponde a Libra será una atracción irresistible para Géminis, que caerá en sus brazos en la primera ocasión, aunque nunca lo hará de forma sumisa, como lo haría un Piscis u otro signo de Agua.

Libra, por su parte, no podrá resistir el encanto natural que tiene Géminis a la hora de expresarse con palabras. Pues el dominio de la palabra es su fuerte y, cuando tiene que seducir, no ahorra en hábiles lisonjas y palabras bellas, casi mágicas, para conseguir lo que se propone.

Sin embargo, si quieren que la relación sea duradera, deben evitar el flirteo con otras personas del sexo opuesto, ya que les gusta a ambos. Esto, unido a que, por pertenecer los dos al elemento Aire, no son por lo general signos muy fieles y se permiten cierta libertad, podría ser motivo, si la cosa llega muy lejos, para que la pareja se rompa.

LIBRA - CÁNCER

Estos dos signos conciben la existencia de muy distinta manera, a pesar de que, en un principio la Luna y Venus son signos románticos y amorosos. Cáncer necesita una vida doméstica tranquila y pacífica. Libra, por el contrario, es más amante de la vida social y diversa bastante activa.

Es una relación que, en un principio, puede resultar agradable debido a la naturaleza dulce y amorosa de ambos signos. Pero con el tiempo la necesidad de vivir en un espacio restringido de Cáncer chocará con la falta de apego al hogar y las salidas constantes de Libra.

Si logran limar estas asperezas y armonizarlas, puede ser una relación estable y duradera, ya que sus naturalezas tienen capacidad suficiente para comprenderse y amarse, pues Libra es un signo que tiende al equilibrio, y Cáncer es tranquilo y sensible. Uno (Cáncer) es protector, y el otro (Libra) le gusta ser protegido.

LIBRA - LEO

Una relación armónica, ya que los dos son signos que aman la belleza, el placer de la vida y el arte.

En el amor disfrutarán el uno del otro, de una forma auténtica, ya que Libra es amoroso y romántico y busca relaciones estables, y Leo ama con el corazón y busca también estabilidad y fidelidad en la persona amada. La relación será ideal si Leo es el hombre y Libra la mujer.

Pueden, sin embargo, surgir algunos conflictos si Leo se muestra demasiado rudo e irritable, cosa que molestará al armónico y apacible Libra.

Para que la relación alcance un estado ideal, Leo debe dejar de mostrarse tan rudo y menos autoritario y dominante con Libra, y Libra debe aprender a apaciguar con arte los ánimos de un Leo fuera de sí y comprender que ese comportamiento es pasajero y que pronto no quedará de él ningún recuerdo.

LIBRA - VIRGO

Signos incompatibles al pertenecer a elementos Aire-Tierra, o lo que es lo mismo, sentimientos-práctica material.

Virgo se siente especialmente atraído por la belleza natural de Libra, que posee una naturaleza alegre, simpática, sociable y llena de encanto romántico. Todo lo que a él le falta y desea conseguir para sentirse complementado.

Es posible que Libra deslumbre a Virgo, diciéndole cosas bellas y dándole la importancia que él no se da. Quizá sea gentil con él sin darse cuenta que Virgo se toma todo lo que le dice al pie de la letra y ve, más allá de sus palabras, una intención manifiesta de que le atrae como pareja. Pero Libra tal vez le haya dicho lo mismo a muchas otras personas, pues es su manera habitual de relacionarse.

Esto puede hacer que Virgo se haga ilusiones al principio, hasta que se dé cuenta de que Libra actúa, según su punto de vista, de manera superficial, inestable, voluble, infiel, adulador.

Si se forma, no obstante, la pareja, Virgo, tendrá dos opciones: aceptar la inestabilidad de Libra y vivir una vida agradable y pacífica o desaprobarla y seguir como estaba antes de la unión.

Si la pareja finalmente llega a formarse, para que la relación sea duradera, Libra debe adoptar una concepción más realista y práctica de la vida, y Virgo debe dejar de criticar a su pareja.

LIBRA - LIBRA

Es una relación que puede resultar agradable, pues los dos poseen un carácter alegre, despreocupado y sociable.

Sus principales puntos en común lo encontrarán en la vida en sociedad y los placeres y diversiones, principalmente compartirán el gusto exquisito por la belleza y el arte.

Se sentirán bastante a gusto disfrutando mutuamente de su compañía y el afecto que se sienten les impedirá prescindir el uno del otro.

Pero será, no obstante, una unión de tipo asociativo, que se guiará por la razón y la lógica antes que por los sentimientos.

LIBRA - ESCORPIO

En principio, son incompatibles, aunque estén regidos respectivamente por Marte y Venus, planetas compatibles en el terreno amoroso. Es verdad que Libra puede sentirse halagado por las constantes declaraciones de amor que Escorpio puede hacerle, pero con el tiempo descubrirá que no soporta su intensidad pasional y tratará de librarse de él. Eso sí, intentará hacerlo de manera pacífica, sin grandes dramatismos.

La relación podrá alcanzar una cierta armonía si Escorpio eleva su vibración y domina sus excesos pasionales para dar lugar a un ambiente de respeto y tolerancia por la libertad de su pareja.

Libra puede contribuir a dicha armonía si aprecia la intensidad amorosa de Escorpio y le garantiza fidelidad creando un clima de confianza entre los dos.

LIBRA - SAGITARIO

Puede resultar una relación armónica, ya que Fuego y Aire se complementan bien.

Los dos signos se sentirán atraídos de forma inmediata, es decir, se caerán bien a primera vista.

A libra le cautivará el carácter franco, abierto y optimista de Sagitario. Le encantará su buen humor y su forma de ser comunicativa y sociable.

Por su parte, Sagitario estará encantado de encontrar un compañero que le entienda tan bien y comparta sus gustos y aficiones de forma tan clara.

En el amor, también puede haber flechazo a primera vista y pueden llegar a vivir momentos inolvidables. Aquí Libra, que parece un signo más racional, caerá en los brazos sagitarianos dejando a un lado la razón.

En resumen, una relación ideal si, además, comparten aficiones, ideas y valores.

LIBRA - CAPRICORNIO

La estabilidad, seguridad y seriedad que son características de Capricornio entran en disonancia con el carácter voluble e inestable de Libra. Aunque es posible que, en algunas ocasiones, Libra se sienta atraído por la certeza de seguridad y estabilidad en el porvenir que le ofrece Capricornio.

También podríamos encontrar casos en los que quizá Capricornio, habiendo caído en la melancolía y depresión que a veces le provocan ciertos hechos o relaciones en la vida, crea encontrar, en la alegre, bella y complaciente Libra, a la persona ideal que necesita como pareja.

Sin embargo, aunque la pareja llegue a unirse, tarde o temprano surgirán desavenencias que será preciso subsanar.

Libra descubrirá que Capricornio, a pesar de ser una persona seria, honesta, concienzuda y fiel, le parecerá fría y distante, poca demostrativa de ternura y calor humano. Y no se sentirá satisfecho, pues necesita la admiración, el amor y cariño de su pareja, cosa que no sabrá darle Capricornio.

Capricornio, por su parte, no comprenderá el carácter sentimental de su pareja, a pesar de parecerle tan serio y razonable, y lo verá como una persona demasiado infantil. Tampoco entenderá muy bien su alegría, cosa que a veces le parecerá ridícula, ni verá muy bien su espontánea simpatía hacia los demás.

Todas estas diferencias de entender la relación de pareja entre ambos signos pueden llegar a armonizarse si buscan una salida que satisfaga a ambos. Por ejemplo, entender el carácter de la pareja para comportarse un poco más de acuerdo con su forma de ser, ayudará a ambos. Capricornio podría hacer un esfuerzo por comportarse menos frío y serio con su pareja; y Libra ser menos voluble y sentimental, preguntando a su pareja cuáles de sus actitudes le parecen más infantiles para comportarse lo menos posible de esa manera.

LIBRA - ACUARIO

Una combinación excelente, ya que resultan ser dos signos positivos de Aire.

Libra sentirá especial atracción por Acuario, debido a su originalidad, imprevisión y futurismo, que llamará poderosamente su atención. Y Acuario será seducido por la atracción natural y la belleza y armonía de Libra.

Pero lo que unirá más que nada a estos dos signos será su relación de amistad y sus aficiones comunes, como un mismo interés por lo curioso, lo nuevo, la tecnología y todas aquellas cosas que se salgan de lo común y ordinario.

Les gusta vivir en pareja pero manteniendo ambos su propia parcela de libertad.

Los dos son sociables y aman lo que está más allá del orden cotidiano. Sin embargo, Libra, aunque tiene una forma de ser conciliadora y pacífica, a veces será sorprendido y se llevará algún que otro sobresalto, debido a las excentricidades y alguna que otra acción imprevista de Acuario.

También en la forma de vestir pude que haya disonancias. Libra gusta más la elegancia y la armonía, mientras que Acuario es más libre y bohemio, pues le importa menos la opinión de la gente.

Salvando estas formas de ver la vida un tanto distinta y que podría traer alguna que otra discusión, la relación se prevé duradera y estimulante por ambas partes.

LIBRA - PISCIS

Son dos signos incompatibles en principio, ya que el Agua y el Aire no se complementan. Sin embargo, los dos tienen mucho en común, pues Venus, planeta regente de Libra está exaltado en Piscis.

En este sentido, podemos apreciar cualidades muy parecidas: Libra ama la paz, la armonía y la belleza y desdeña todo lo que tenga que ver con los conflictos y los dramas. Piscis busca la tranquilidad y la calma y sufre con las peleas y las guerras.

Los dos poseen una dulzura de carácter, que, si su tema natal no tuviese aspectos negativos, estaríamos hablando de una posible pareja ideal.

SALUD

Libra rige los riñones, las glándulas suprarrenales, la región lumbar, la vesícula, la piel, los ovarios (en la mujer), el sistema vasomotor y los uréteres. Por tanto, las aflicciones o malos aspectos de los planetas sobre este signo pueden llegar a producir las distintas dolencias que afectan a estas zonas del cuerpo:

Lumbago.
Anquilosamientos vertebrales.
Nefritis
Irritación renal.
Uremia.
Cistitis.
Problemas en la piel.
Diabetes.
Inflamación de los uréteres
Cálculo renal.
Etc.

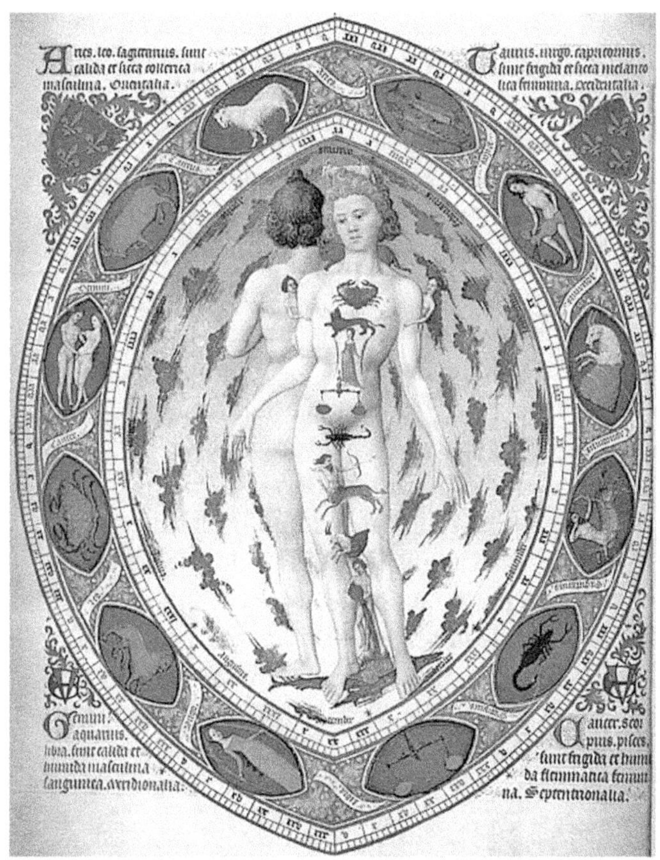

El hombre y el Zodiaco, de Paul Malouel, muestra las asociaciones de los Signos del Zodiaco con las distintas partes del cuerpo.

Por lo tanto, deberá tener especial cuidado con ellas y prestarles más atención de lo normal, y no abusar sobrecargándolas o sobreexcitándolas.

Cuando se producen malos aspectos sobre Libra da lugar a todos los problemas relacionados con una mala administración de la energía de Libra y Venus, planeta que rige el signo. Si quiere evitarlos, debe tener especial cuidado y tomar conciencia de cómo está trabajando dicha energía. Por ejemplo, su mala administración se traduce por comportarse con los demás con los peores defectos del signo: desarmonía, injusticia, apatía y sobre todo, debe tener una buena relación de amor con los demás, evitando todo tipo de excesos y placeres excesivos. Si quiere recuperar la salud, debe evitar al máximo este tipo de comportamientos.

TRABAJO

Libra es especialmente un signo venusiano, que tiene especial relación con el mundo artístico y la belleza. En la rueda astrológica ocupa la casa VII, cuyo significado esencial es el de las asociaciones, las sociedades, el matrimonio.

Por lo tanto, pueden irle bien todos los trabajos en los que pueda desarrollar su potencial artístico y capacidad para las uniones y asociaciones:

- Diplomacia
- Artista: músico actor, etc.
- Estética
- Masaje
- Peluquería
- Agencia matrimonial
- Modelo
- Decoración
- Etc.

Los nueve Coros Angélicos se mueven en torno a la esfera central, que representa a la Divinidad.
Ilustración de Gustavo Doré para la obra de Dante Alligeri *La Divina Comedia.*

ÁNGELES DE LIBRA

La esfera del Zodiaco mide 360 grados de longitud, que se divide entre los doce signos del Zodiaco, dando como resultado un espacio de 30 grados de longitud a cada signo.

Dentro de estos 30 grados tienen su domicilio y radio de acción 6 ángeles conocidos en la Tradición como genios de la Cábala, a razón de 5 grados por ángel.

Con respecto al signo de Libra, los nombres de estos ángeles son los siguientes:

De 0 a 5 grados de Libra (del 24 al 28 de septiembre) rige el ángel llamado Aniel.

De 5 a 10 grados de Libra (del 29 de septiembre al 3 de octubre) rige el ángel llamado Haamiah.

De 10 a 15 grados de Libra (del 4 al 8 de octubre) rige Rehael.

De 15 a 20 grados de Libra (del 9 al 13 de octubre) rige el ángel llamado Ieiazel.

De 20 a 25 grados de Libra (del 14 al 18 de octubre) rige el ángel llamado Hahahel.

De 25 a 30 grados de Libra (del 19 al 23 de octubre) rige el ángel llamado Mikael.

El nativo de Libra tendrá uno u otro ángel guardián dependiendo de la fecha en la que haya nacido dentro de este radio de acción, con él podrán comunicarse en cualquier momento para pedirle que le ayude en su acción cotidiana y cumplir así con el objetivo de su Yo Superior.

Las enseñanzas y virtudes que proporciona este ángel durante la vida del nativo son las siguientes:

ANIEL, DEL 24 AL 28 DE SEPTIEMBRE

Las enseñanzas y virtudes que proporciona este ángel durante la vida del nativo son las siguientes:

La victoria, cuando estamos bloqueados y acosados por las circunstancias; Inspiración y talento en las ciencias y las artes y en el estudio de las leyes del Universo; revelación de los secretos de la Naturaleza; protección de charlatanes y embaucadores.

La esencia de su programa es:

LIBERACIÓN, ROMPER EL CERCO. Y esta cualidad es la que más sobresaldrá durante toda la vida del individuo que haya nacido bajo su influencia.

Clave: *Victoria y fuerza para romper con ideas caducas*

HAAMIAH, DEL 29 DE SEPTIEMBRE AL 3 DE OCTUBRE

Adquisición de todos los poderes del Cielo y de la Tierra; protección contra el rayo, las armas, los animales feroces y los espíritus primitivos, ignorantes e infernales; comprensión de los rituales y los cultos religiosos; hace que encuentren el camino los que han perdido el sentido de la vida; protección a los buscadores de la verdad.

La esencia de su programa es:
SENTIDO RITUAL Y CEREMONIAL. Y esta cualidad es la que más sobresaldrá durante toda la vida del individuo que haya nacido bajo su influencia.

Clave: *Medios para adquirir todos los tesoros del cielo y la Tierra*

REHAEL, DEL 4 AL 8 DE OCTUBRE

Curación de enfermedades y misericordia de Dios, longevidad; amor paternal y filial; obediencia y respeto de los hijos hacia los padres, conservar la salud; amor hacia los niños; protege contra los impulsos crueles y las disputas entre padres e hijos.

La esencia de su programa es:
SUMISIÓN FILIAL. Y esta cualidad es la que más sobresaldrá durante toda la

vida del individuo que haya nacido bajo su influencia.

Clave: *Energía y fuerza para curar las enfermedades por medio de la misericordia divina*

IEIAZEL, DEL 9 AL 13 DE OCTUBRE

Liberar a los prisioneros de las cárceles; ser liberado de los enemigos; consolaciones; gusto por la imprenta y la librería; ayuda a los hombres de letras y a los artistas; inspiración para ser un buen escritor y ver editadas sus obras; protección contra la depresión, los pensamientos sombríos y el desinterés por todo.

La esencia de su programa es: CONSUELO O REGOCIJO. Y esta cualidad es la que más sobresaldrá durante toda la vida del individuo que haya nacido bajo su influencia.

Clave: *Consuelo para recuperar la alegría y los ánimos perdidos*

HAHAHEL, DEL 14 AL
18 DE OCTUBRE

Fe en el Mundo Espiritual y en la Divinidad; Inspiración para los discursos religiosos; protege a los misioneros y a los hombres que llevan el mensaje de Dios; energía para dedicarse al sacerdocio o al servicio de Dios, influye sobre las almas piadosas; grandeza de alma, poder de persuasión.

La esencia de su programa es:

SACERDOCIO. Y esta cualidad es la que más sobresaldrá durante toda la vida del individuo que haya nacido bajo su influencia.

Clave: *Fe en el mundo espiritual y grandeza de alma*

MIKAEL, DEL 19 AL
23 DE OCTUBRE

Viajar con seguridad; suerte en la política con los reyes, los príncipes y los nobles; autoridad; diplomacia; buenos presentimientos e intuiciones; descubrimiento de los traidores antes de su actuación; curiosidad en los asuntos de estado, los gabinetes y las noticias del extranjero.

La esencia de su programa es:

ORDEN POLÍTICO. Y esta cualidad es la que más sobresaldrá durante toda la vida del individuo que haya nacido bajo su influencia.

Clave: *Orden y suerte para instaurar en tu ambiente social el orden que rige en los Cielos*[1].

---

[1] Para más información sobre el tema de los ángeles y la Astrología, véanse mis libros: *Ángeles protectores y Ángeles, las fuerzas ocultas del Universo,* publicados por esta editorial.

PERSONAS CÉLEBRES NACIDAS EN LIBRA

- André Casanova, 12-10-1919: compositor francés
- Antonio Gala, 02-10-1936: escritor
- Bruce Springsteen, 26-09-1949: cantante
- Carmen Sevilla, 10-10-1930: actriz y cantante
- Catterine Zeta Jones, 25-09-1969: actriz
- Fernando Sánchez Dragó, 02-10-1936: escritor y crítico literario español
- Gore Vidal, 03-10-1925: escritor estadounidense
- Groucho Marx, 02-10-1890: actor cómico estadounidense
- John Lennon, 09-10-1940: músico británico (The Beatles)

- Judit Mascó, 12-10-1969: modelo española
- Julie Andrews, 01-10-1935: actriz británic
- Julio Iglesias, 23-09-1943: cantante
- Luciano Pavarotti, 12-10-1935: tenor italiano
- Mahatma Gandhi, 02-10-1869: político y líder religioso hindú
- Maribel Verdú, 02-10-1970: actriz
- Melody, 12-10-1990: cantante española
- Michael Douglas, 25-09-1944: actor
- Pedro Almodóvar, 24-09-1951, cineasta
- Rocío Dúrcal, 04-10-1944: cantante y actriz
- Romina Power, 02-10-1951: actriz y cantante italo-americano

TALISMANES

Los amuletos o talismanes de Libra deben fabricarse con todos o parte de los elementos relacionados con el signo. En particular, con las gemas, los metales y los colores. Por ejemplo:

Las gemas de la suerte de Cáncer son cuarzo y ópalo. El metal es el bronce. Así pues, se pueden fabricar amuletos con estos elementos y llevarlos encima, bien la piedra o metal a secas en un bolsillo o bien como colgante, llavero, etc. También se puede hacer una bolsita del color del signo, poner todos estos elementos dentro y llevarlo como amuleto.

Los colores de Libra son el amarillo. y el rosa. Por tanto, todo lo que contenga estos colores también favorecerá al nativo, ya sea ropas o cosas que los destaquen.

El día de la semana en el que tendrá especialmente suerte será el viernes. En este día puede comenzar todo tipo de proyectos y acontecimientos en los que quiera tener un efecto favorable. Siempre que no sea para perjudicar al prójimo, claro está.

Sus números de la suerte son el 6 y el 7 y todos sus múltiplos.

Hay que tener en cuenta que un amuleto por sí solo no sirve para nada si no le acompaña una actitud positiva y favorable del individuo y un deseo de avanzar en un camino altruista y benevolente hacia los demás. De esta forma, atraerá a su vida las energías favorables procedentes de las entidades espirituales que operan en Libra.

OTROS TÍTULOS PUBLICADOS POR ESTA EDITORIAL

LA ESENCIA DE LOS DOCE SIGNOS DEL ZODIACO

Un libro esencial para conocernos a nosotros mismos mediante un estudio completo de cada signo del Zodiaco

ÁNGELES, LAS FUERZAS OCULTAS DEL UNIVERSO

Un estudio completo sobre la importancia de los ángeles en el Universo y en nuestra vida cotidiana, donde se dan a conocer sus nombres y sus funciones específicas.

EL MENSAJE OCULTO DE LOS ASTROS

Un manual completo de Astrología, tanto para el principiante como para el astrólogo avanzado. Extensa interpretación astrológica, y, además, se adentra en el tema de las Sinastrías, la Astrología médica y la Parte de la Fortuna, con muchos ejemplos interesantes.

CÓMO LEVANTAR UNA CARTA ASTRAL, Manual para principiantes.

Un manual para cualquier estudiante: sencillo, ameno y directo, donde se facilita al lector un guión para levantar cartas astrales e interpretarlas.

CÓMO INTERPRETAR UN HORÓSCOPO SIN AYUDA DE NADIE

Enseñanzas básicas para interpretar un horóscopo. Aprenda lo más necesario de su carta astral sin necesidad de hacer cursos interminables.

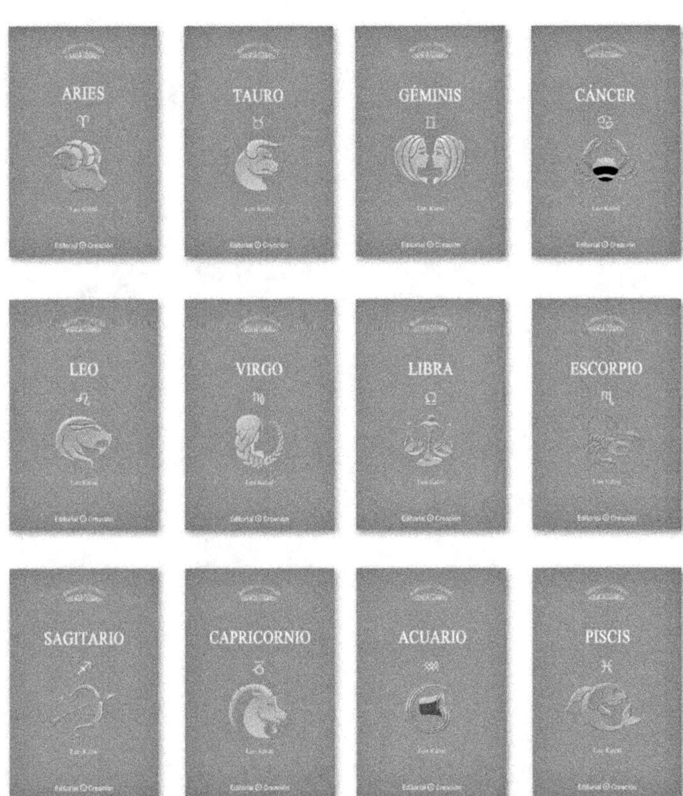

LOS 12 SIGNOS DEL ZODIACO
(ESENCIA CÓSMICA)

Una colección esencial, con un estudio
completo de cada signo: personalidadad, afinidades
e incompatibilidades en al amor, salud, trabajo, ángeles
y fuerzas de los astros, etc.